Würzburger Vorträge zur Rechtsphilosophie, Rechtstheorie und Rechtssoziologie

Herausgegeben von Horst Dreier
und Dietmar Willoweit

Begründet von Hasso Hofmann, Ulrich Weber †
und Edgar Michael Wenz †

Heft 57

Christoph Enders

Freiheit und Repräsentation

Nomos

Der Vortrag wurde gehalten am 16. Januar 2020.

Die Deutsche Nationalbibliothek verzeichnet diese Publikation in der Deutschen Nationalbibliografie; detaillierte bibliografische Daten sind im Internet über http://dnb.d-nb.de abrufbar.

ISBN 978-3-8487-6822-6 (Print)

ISBN 978-3-7489-0922-4 (ePDF)

Onlineversion
Nomos eLibrary

1. Auflage 2020

Inhaltsverzeichnis

I. Krise als Programm? Repräsentative Freiheitsorganisation im demokratischen Verfassungsstaat

Der moderne demokratische Verfassungsstaat basiert überall auf dem Modell der repräsentativen Demokratie[1]. Das Volk, von dem alle Staatsgewalt ausgeht, handelt nach dem Akt der Wahl – und jenseits von möglichen Abstimmungen – durch seine Repräsentanten. Das sind in erster Linie seine gewählten Abgeordneten im Parlament als dem „unmittelbaren Repräsentationsorgan des Volkes"[2]. Auch die „besonderen Organe" der „vollziehenden Gewalt und der Rechtsprechung", sagt das Grundgesetz, üben aber die vom Volke ausgehende Staatsgewalt in dessen Vertretung aus (Art. 20 Abs. 2 GG). Das Repräsentationsverhältnis wird für den Funktionsbereich der Regierung durch deren parlamentarische Verantwortlichkeit gesichert, ihre Abhängigkeit vom Vertrauen der vom Volk gewählten Abgeordneten. Aber auch die Gerichte entscheiden „im Namen des Volkes"[3]. Auf Basis der Volkssouveränität werden also Organe konstituiert, die für das Volk handeln, dabei dem Volk gegenüber verantwortlich sind[4]. Die Freiheit, in deren Dienst sich der Verfassungsstaat stellt, wird hier als *Selbstbestimmung durch Mitbestimmung* verstanden und organisiert: In Wahlen und Abstimmungen aktualisiert sich diese unmittelbar, bleibt indessen in ihrer Wirkung punktuell. Die *repräsentative Teilhabe* der Bürgerinnen und Bürger am Handeln aller staatlichen Gewalt, insbesondere am politischen Willensbildungs- und Entscheidungsprozeß, soll demgegenüber die stetige und dauerhafte Präsenz des Volkswillens im Staatsleben bewirken.

---

1 Dazu und zur Kritik: *Ernst-Wolfgang Böckenförde*, Demokratie und Repräsentation. Zur Kritik der heutigen Demokratiediskussion, in: ders., Staat, Verfassung, Demokratie, Frankfurt a.M. 1991, S. 379–405.

2 BVerfGE 80, 188 (217) – Wüppesahl; BVerfGE 130, 318 (342, Rn. 101); 140, 115 (149 f., Rn. 91); 142, 123 (212 f., Rn. 173).

3 Vgl. bereits *Immanuel Kant*, Metaphysik der Sitten (1797), Rechtslehre, § 49, in: ders., Werke, hrsg. v. Wilhelm Weischedel, Bd. IV, Darmstadt 1983, S. 303–614, 436.

4 Insoweit ist Demokratie verstanden als „Konstituierung selbsthandelnder Leitungsorgane vom Volk her, die für das Volk und als Volk, wenngleich ihm gegenüber verantwortlich handeln", *Böckenförde*, Demokratie und Repräsentation (Fn. 1), S. 381 (Zit.), 391: „formale Repräsentation".

Dieser Strang der repräsentativen Freiheitsorganisation ergänzt die Freiheit als *individuelle Selbstbestimmung*[5], wie sie der Verfassungsstaat seit jeher in Gestalt „natürlicher" oder „angeborener Rechte", die dem Menschen voraussetzungslos um seiner selbst willen zukommen[6], anerkennt und schützt. In Summe mündet die Gesamtheit dieser Rechte in das Rechtsprinzip der gleichen Freiheit aller[7].

Beide Stränge der Freiheitsorganisation werden in den frühen revolutionären Rechteerklärungen der Moderne, etwa der Virginia Bill of Rights (vom 12. Juni 1776) oder der französischen Erklärung der Menschen- und Bürgerrechte (vom 26. August 1789), offenkundig als zwei Seiten ein und derselben Freiheit angesehen, so selbstverständlich werden sie nebeneinander gestellt[8]. Denn „Ziel jeder politischen Vereinigung ist die Erhaltung der natürlichen und unveräußerlichen Menschenrechte", so verkündet es

---

5 *Emmanuel Joseph Sieyes* kennzeichnet in seiner Schrift: Einleitung zur Verfassung. Anerkennung und erklärende Darstellung der Menschen- und Bürgerrechte. Am 20. und 21. Juli 1789 im Verfassungsausschuß verlesen, in: ders., Politische Schriften 1788–1790, hrsg. v. Rolf Reichardt und Eberhard Schmitt, 2. Aufl. (Nachdruck), Berlin–Boston 2015, S. 239–258, den Menschen zuvörderst als „Eigentümer seiner Person", S. 243, 246 („Eigentum an der eigenen Person ist das erste aller Rechte"), damit, wie *John Locke*, Zwei Abhandlungen über die Regierung (1689/90), hrsg. v. Walter Euchner, Frankfurt a.M. 1977, Teil II. § 123 S. 278, einen weiten Begriff des Eigentums zugrundelegend, der auch das Recht auf selbstbestimmtes Handeln einbezieht, nicht auf das Sacheigentum beschränkt ist.

6 Etwa: Art. 1 der französischen Erklärung der Menschen- und Bürgerrechte vom 26. August 1789: „Die Menschen werden frei und gleich an Rechten geboren […]"; Art. 1 der Allgemeinen Erklärung der Menschenrechte vom 10. Dezember 1948: „Alle Menschen sind frei und gleich an Würde und Rechten geboren." Vgl. auch das Österreichische ABGB von 1811, dort § 16: „Jeder Mensch hat angeborene, schon durch die Vernunft einleuchtende Rechte und ist daher als Person zu betrachten". Zum einzig „angebornen Recht" der Freiheit *Kant*, Metaphysik der Sitten (Fn. 3), S. 345.

7 Vgl. Art. 4 der französischen Erklärung der Menschen- und Bürgerrechte: „Die Freiheit besteht darin, alles tun zu können, was anderen nicht schadet […]". Auch dieses Prinzip der gleichen Freiheit aller findet sich als „Ziel des gesellschaftlichen Zusammenschlusses" bereits in *Sieyes*, Einleitung zur Verfassung (Fn. 5), S. 247 ausgeführt, und aus der Lehre vom Rechtsverhältnis erklärt, aus der folgt, „daß das Recht eines jeden von jedem anderen geachtet und anerkannt werden muß und daß dieses Recht und diese Pflicht nur gegenseitig sein können", S. 244.

8 Vgl. *Ernst-Wolfgang Böckenförde*, Demokratie als Verfassungsprinzip, in: Josef Isensee/Paul Kirchhof (Hrsg.), Handbuch des Staatsrechts der Bundesrepublik Deutschland, Bd. II, 3. Aufl., Heidelberg 2004, § 24, S. 429–496, Rn. 3, 35 f.; *Marc André Wiegand*, Demokratische Narrative und republikanische Ordnung, in: Pirmin Stekeler-Weithofer/Benno Zabel (Hrsg.), Philosophie der Republik, Tübingen 2018, S. 11–36, 13.

Art. 2 der französischen Erklärung der Menschen- und Bürgerrechte, an den sich unvermittelt das Bekenntnis zur Volkssouveränität anschließt („Der Ursprung jeder Souveränität ruht letztlich in der Nation [...]", Art. 3)[9].

Seither scheinen freilich individuelles Freiheitsinteresse (rechtliche Selbstbestimmung) und seine Gewährleistung in Verfahren und Institutionen der Repräsentation (Mitbestimmung durch repräsentative Teilhabe) zunehmend auseinander getreten zu sein: Wenn heute von demokratischer Repräsentation als politischer Gestalt der Freiheit die Rede ist, geht es immer zugleich um die *Krise der Repräsentation*. Denn nicht wenige finden ihre Interessen in den Verfahren und von den Entscheidungen des offiziellen Politikbetriebs nicht mehr ausreichend als solche geschätzt, geschützt und gefördert. Sie suchen, weil ihr Anliegen durch das Raster der Repräsentation fällt, eine politische Heimat in anderen Kreisen, die vorzugsweise horizontal vernetzt in den sozialen Medien kommunizieren. Die neuen Formen und Foren einer „Partizipation ohne Repräsentation" treten in Konkurrenz zur institutionalisierten Repräsentation[10]. In ihrer Fixierung auf unmittelbaren Protest verweigern sie sich den positiven Verfestigungen programmatischer Gestaltung und politisch verantwortlicher Vertretung. Die diese Gegenwelten bevölkern, werden freilich zur allzu leichten Beute populistischer Akteure und ihrer verführerischen Strategien, die kraft moralisch begründeten Alleinvertretungsanspruchs ihren Sondernutzen zum wahren Gemeinwohl erklären[11]. Dieser Vorwurf jedenfalls ist schnell zur Hand, um Protestwähler und andere Abtrünnige und Spielverderber, die die herrschende Praxis der Repräsentation verachten, weil sie sich mißachtet fühlen, empört abzustrafen und an die tradierten und bewährten Regeln zu erinnern, die auf dem Feld der repräsentativen Demokratie nun einmal gelten[12].

---

9 Vorarbeiten wiederum bei *Sieyes*, Einleitung zur Verfassung (Fn. 5), S. 242, 252. Ebenso in der Sache bereits Art. 1 und 2 der Virginia Bill of Rights vom 12. Juni 1776.

10 So kritisch *Ivan Krastev*, Europadämmerung, Berlin 2017, S. 99, 100; mit positivem Grundton *Philip Manow*, Demokratisierung der Demokratie, Merkur 73 (Heft 847), 2019, S. 5–15, 12 ff.

11 *Andreas Voßkuhle*, Demokratie und Populismus, Der Staat 57 (2018), S. 119–134, 121 f.; vgl. auch *Krastev*, Europadämmerung (Fn. 10), S. 88 f.

12 Eine differenzierende Beschreibung des Phänomens bei *Andreas Anter*, Die Krise der Repräsentation, in: Rüdiger Voigt (Hrsg.), Repräsentation, Baden-Baden 2019, S. 241–252, 244 ff., 249; weiter *Danny Michelsen/Franz Walter*, Unpolitische Demokratie. Zur Krise der Repräsentation, Berlin 2013.

Und doch: Sind Sonderinteressen nicht gleichwohl berechtigte Interessen, auf die als ihr gutes Recht zu pochen die Grundrechte auch den Unbotmäßigen – als deren „pursuit of happiness“ – eigens garantieren? Das Grundgesetz selbst lehrt doch, daß Mißtrauen gegenüber dem Parlament, obwohl „unmittelbares Repräsentationsorgan des Volkes“, stets angebracht ist. Warum sonst sollte es die Gesetzgebung, für die der Bundestag, der die Gesetze beschließt (Art. 77 Abs. 1 GG), hauptverantwortlich ist, an die Grundrechte binden (Art. 1 Abs. 3 GG)? Wo Mißtrauen dergestalt zum Prinzip wird, scheint die Krise programmiert. Leidet der demokratische Verfassungsstaat an einem Geburtsfehler und ist zum Scheitern verurteilt, weil die beiden Stränge der Freiheitsorganisation, einerseits durch individuelle Selbstbestimmung im Rechtssinne, andererseits durch permanente Mitbestimmung im Wege der repräsentativen Teilhabe, mit der die unmittelbare, aber lediglich punktuelle politische Willensbekundung im Wahl- oder Abstimmungsakt verstetigt wird, auf Dauer nicht harmonieren *können*?

Die nachfolgenden Überlegungen werden zeigen, daß allerdings die starke rechtliche Ausprägung des Schutzes der individuellen Freiheit unter dem Grundgesetz und vor allem seine Wahrnehmung durch das Bundesverfassungsgericht als Hypothek auf dem Repräsentationsmodell lasten. Die Annahme einer „Krise“ der Repräsentation geht dennoch von falschen Vorstellungen aus und verkennt, was Repräsentation in diesem Modell bedeutet.

II. Freiheit zur gesamten Hand. Der Ursprung der Grundrechte als Volksrechte

Begonnen hat die Geschichte der Grundrechte in Deutschland nicht im Sinne eines Widerspruchs zum Repräsentationsmodell. Im Gegenteil: Die Grundrechte, wie sie in die frühkonstitutionellen deutschen Verfassungen Eingang fanden, wurden verstanden als integraler Bestandteil des Repräsentationsprinzips[13]. Denn die Grundrechte (der Baiern, Badener, Württemberger) statuierten keine einklagbaren Individualrechtspositionen. Sie waren dafür nicht gedacht und blieben folgerichtig ohne jeden prozessualen Unterbau zur individuellen Durchsetzung in einem Rechtsstreit des Bürgers gegen den Staat. Entgegensetzung lag nicht in ihrem Sinn. Sie formulierten *Prinzipien* der verfassungsmäßigen Ordnung, an denen sich die Gesetzgebung künftig zu orientieren hatte. Vor allem aber waren sie als „*Volksrechte*" konzipiert, deren Wahrung nach dem ursprünglichen Bauplan der Verfassungen – im Sinne einer Freiheit *zur gesamten Hand* – vollständig in die Verantwortlichkeit der Volksvertretung durch die Ständeversammlung gegeben war. Diese war nur eingeschränkt demokratisch konstituiert und legitimiert, fußte namentlich nicht auf dem Grundsatz der Volkssouveränität. Da das Volk nach dem monarchischen Prinzip an der Wahrnehmung der Staatsfunktionen, insbesondere der Gesetzgebung, nur beteiligt war, während die Souveränität weiterhin vollumfänglich bei der

13 Hierzu und zum folgenden *Christoph Enders*, Die Grundrechte der Deutschen – Revolutionäres Importgut oder nationale Selbstbehauptung?, in: Christoph Enders/Michael Kahlo/Andreas Mosbacher (Hrsg.), Europa nach Napoléon, Paderborn 2018, S. 137–159, 150ff.

Krone lag[14], sollte das *Instrument der „Ministeranklage“*[15] Defizite der Machtposition des Volkes in einer repräsentativen Wahrnehmung seiner Rechte ausgleichen oder doch minimieren[16].

Denn die – in zwei Kammern gegliederte – Ständeversammlung war nicht nur berufen zur Beratung und Mitbestimmung über die Gesetze[17], welche Fragen des Eigentums und der Besteuerung zu regeln und überhaupt die Grenzen der Freiheitsausübung zu bestimmen hatten[18]. Sie war zum Schutz der Verfassung und ganz besonders ihrer grundrechtlichen

---

14 Etwa nach der Formulierung in Titel II, § 1 der Verfassung des Königreichs Bayern vom 26. Mai 1818: „Der König ist das Oberhaupt des Staates, vereiniget in sich alle Rechte der Staatsgewalt, und übt sie unter den von Ihm gegebenen in der gegenwärtigen Verfassungs-Urkunde festgesetzten Bestimmungen aus…“ Dieses restaurative, der Lehre von der Volkssouveränität entgegengesetzte Prinzip wurde für die Staaten des Deutschen Bundes mit Art. 57 der Wiener Schlußakte (vom 15. Mai 1820) festgeschrieben; dazu *Werner Frotscher/Bodo Pieroth*, Verfassungsgeschichte, 18. Aufl., München 2019, Rn. 262; *Dieter Grimm*, Deutsche Verfassungsgeschichte, 1776–1866, Frankfurt a.M. 1988, S. 114 f.; *Michael Stolleis*, Geschichte des öffentlichen Rechts in Deutschland, Bd. 2: Staatsrechtslehre und Verwaltungswissenschaft 1800–1914, München 1992, S. 102 ff.

15 Zur Ministeranklage im Überblick *Georg Meyer/Gerhard Anschütz*, Lehrbuch des deutschen Staatsrechts, 7. Aufl., München–Leipzig 1919, S. 801 ff.

16 Zur Problematik dieses unaufhebbaren Gegensatzes *Friedrich Murhard*, Art. Staatsgerichtshof, in: Carl von Rotteck/Carl Theodor Welcker (Hrsg.), Staats-Lexikon, Bd. XII, 2. Aufl., Altona 1848, S. 322–341, 330 ff., 336.

17 Man orientierte sich an der französischen Charte Constitutionelle vom 4. Juni 1814, die im Geiste des monarchischen Prinzips die Souveränitätsrechte beim Monarchen konzentriert sah und ein Gesetzesinitiativrecht des Parlaments ausschloß (Art. 16: „Der König schlägt das Gesetz vor.“ Art. 19: „Die Kammern haben das Recht, den König zu bitten, über irgend einen Gegenstand ein Gesetz vorzuschlagen […]“). Gleichsinnig etwa Tit. VII § 19 der Verfassung des Königreichs Bayern vom 26. Mai 1818; § 67 Abs. 1 der Verfassungsurkunde für das Großherzogtum Baden vom 22. August 1818; §§ 88, 124 der Verfassungsurkunde für das Königreich Württemberg vom 25. September 1819 (Mitwirkung – nur – durch Einwilligung); ein Initiativrecht des Volkes galt danach als Übergriff in die nach dem monarchischen Prinzip umfassende Exekutivgewalt der Krone, vgl. *Kant*, Metaphysik der Sitten (Fn. 3), Allgem. Anm. A, S. 441.

18 Zur Freiheits- und Eigentumsklausel vgl. den preußischen „Entwurf einer Verfassung des zu errichtenden teutschen Staatenbundes“, vom Februar 1815, Johann Ludwig Klüber (Hrsg.), Acten des Wiener Congresses in den Jahren 1814 und 1815, 1815 (Neudruck 1966), S. 18 ff., 44. Danach sollte sich die „Wirksamkeit der Landes-Repräsentanten“ auf die Beratung über alle Gegenstände der Gesetzgebung erstrecken, „welche die persönlichen und Eigentumsrechte der Staatsbürger, mit Einschluß der Besteuerung betreffen“. Hier ist nur von Beratung die Rede, die wenig später gegebenen frühkonstitutionellen Verfassungen statuieren bereits ein echtes Mitbestimmungsrecht, kraft dessen die Einwilligung zum Ge-

Freiheitsgewähr mit Beschwerde- und vor allem Anklagerechten ausgestattet, um die Verfassungsverantwortlichkeit der monarchischen Regierung einfordern, näher Verfassungsverletzungen rügen und im Wege der Ministeranklage vor einen Staatsgerichtshof bringen zu können, der befugt war, auf Amtsverlust und Unfähigkeit zur Bekleidung anderweitiger Ämter zu erkennen, gelegentlich auch dazu, sonstige Sanktionen (Verweise, Geldstrafen) zu verhängen[19]. Von daher versteht sich, warum nach den preußischen Entwürfen für eine „Verfassung des zu errichtenden deutschen Staatenbundes" auf dem Wiener Kongreß (1815) die Stände das Recht „der Schützung und Vertretung [...] der durch (die Verfassung) [...] gesicher-

---

setzesvorschlag verweigert werden kann: etwa Titel VII, § 2 Verfassung des Königreichs Bayern. Später tritt das positive Gesetzesinitiativrecht der Ständekammern hinzu, etwa Art. 64 Abs. 1 der Preußischen Verfassung vom 31. Januar 1850.

19 Etwa Titel X §§ 4, 5, 6 der Verfassung des Königreichs Bayern vom 26. Mai 1818; § 67 Verfassung des Großherzogtums Baden vom 22. August 1818; §§ 124, 195, 199 Verfassung des Königreichs Württemberg vom 25. September 1819; ferner §§ 99, 126 lit.i der Verfassung des Deutschen Reichs vom 28. März 1849; Art. 61 Abs. 1 der Preußischen Verfassung. Die Ministeranklage hatte nach ihrem Prozeßgegenstand *„vorwiegend strafrechtlichen Charakter"* und erschien als außerordentlicher Rechtsbehelf „in den Formen eines Strafverfahrens", *Meyer/Anschütz*, Lehrbuch des deutschen Staatsrechts (Fn. 15), S. 801, 802, vgl. ausdrücklich § 126 lit.i RV 1849; auch Thüring. StGH, JW 1931, S. 761, 762: „... bei der Entsch. über Ministeranklagen ... hat der StGH. Aufgaben und eine Stellung, die in rechtlicher Hinsicht denen der Straf- und Dienststrafgerichte vergleichbar sind". Dem Inhalt des Urteils nach lehnte sich das Verfahren an das Vorbild des Impeachments nach der Verfassung der Vereinigten Staaten von Amerika vom 17. September 1787 an, vgl. Art. I Abschn. 3 § 7, *Meyer/Anschütz*, aaO, S. 802. Die Gerichtsbarkeit war jedoch – anders als nach dieser Verfassung dem Senat, vgl. Art. I Abschn. 2 § 1 und 5, Art. I Abschn. 3 § 1, 6 – nicht der Volksvertretung übertragen, sondern einem Staatsgerichtshof, dessen Funktion teils von der obersten Instanz der ordentlichen Gerichtsbarkeit wahrgenommen wurde (vgl. etwa § 100 der Verfassung Kurhessens vom 5. Januar 1831), der teils aber auch (§ 195 Verfassung des Königreichs Württemberg; § 142 Verfassung des Königreichs Sachsen) institutionell eigenständig und der als „Schutzanstalt für die Rechte des Volks" gedacht war, *Murhard*, Art. Staatsgerichtshof (Fn. 16), insb. S. 330 ff. (Zit. S. 336). Kritik übt das Lehrbuch des deutschen Staatsrechts von *Meyer/Anschütz* (Fn. 15), S. 802: Dem Schutz der verfassungsmäßigen Individualrechte zu dienen sei – was durchaus zutrifft – „die Ministeranklage völlig ungeeignet; die Garantie für die Aufrechterhaltung der Individualrechte vermag nur eine unabhängige Verwaltungsgerichtsbarkeit zu gewähren". Diese Kritik verkennt indessen den konzeptionellen Unterschied zwischen einer repräsentativen Grundrechtswahrung zur gesamten Hand auf Initiative der Volksvertretung und dem Modell des Individualrechtsschutzes, wie es mit Einrichtung der Verwaltungsgerichtsbarkeit in der zweiten Hälfte des 19. Jahrhunderts in den deutschen Staaten Einzug hielt.

ten Rechte der Einzelnen“ besitzen sollten[20], dass ihnen „die Vertretung der Verfassung und der aus ihr herfließenden Rechte Einzelner“[21] zugedacht war. Die sächsische Verfassung aus dem Jahr 1831 formulierte den Zusammenhang dann sehr deutlich: „Die Stände sind das gesetzmäßige Organ der Gesammtheit der Staatsbürger und Unterthanen und als solches berufen, deren auf der Verfassung beruhende Rechte in dem durch selbige bestimmte Verhältnisse zu der Staatsregierung geltend zu machen [...]“ (§ 78). Sie haben darum, so hieß es weiter (in § 141) „insbesondere auch das Recht, die Vorstände der Ministerien, welche sich einer Verletzung der Verfassung schuldig machen, förmlich anzuklagen“. Die Grundrechte statuierten so nicht etwa subjektive Individualrechte; es war nur konsequent, daß ein entsprechender Rechtsdurchsetzungsmechanismus fehlte[22]. Die Grundrechte zielten vielmehr, indem ihre Garantien zur gesamten Hand wahrgenommen werden sollten, darauf ab, die Stellung des Einzelnen, sein Freiheits- und Gleichheitsinteresse zum *allgemeinen Anliegen* zu machen, repräsentativ durchzusetzen, was allgemeine Geltung beanspruchen konnte. In ihnen manifestierte sich ein *Recht auf Allgemeinheit des Individualinteresses*.

An dieser Grundvorstellung hat sich bis in die Weimarer Zeit wenig geändert. Die demokratischen Defizite der Verfassungslage in Deutschland wurden mit der Weimarer Verfassung vom 11. August 1919 beseitigt, die in Art. 1 Abs. 2 WRV den Grundsatz der Volkssouveränität rückhaltlos anerkannte und das allgemeine und gleiche Wahlrecht einführte. Aber es blieb dabei, daß es Grundrechtsschutz im engeren Sinne eines aus den Einzelgrundrechten abzuleitenden und als solchen gerichtlich durchsetzbaren verfassungsrechtlichen Individualanspruchs nach allgemeiner Auffassung nicht gab. Der Schutz der Verfassung und ihrer Rechtsgewährleistungen vor exekutiven Übergriffen war ungeachtet der neu institutionalisierten parlamentarischen Verantwortlichkeit der Regierung (Art. 54 WRV) in Fortsetzung dieser deutschen konstitutionellen Tradition als Recht zur gesamten Hand in die Hand des Parlaments gegeben, das die (verfassungs-) rechtliche Ministerverantwortlichkeit klageweise geltend machen konnte (Art. 59 WRV). Allerdings kommt, nach den einzelstaatlichen Anfängen in

20 Nach Klüber, Acten des Wiener Congresses (Fn. 18), S. 45.

21 Nach Klüber, Acten des Wiener Congresses (Fn. 18), S. 305.

22 So läßt etwa § 67 Abs. 2 Verfassung des Großherzogtums Baden nur „Beschwerden einzelner Staatsbürger“ an die Kammern und diese nur unter sehr strengen Kautelen zu. In der Sache handelt es sich um ein Petitionsrecht, vgl. zu diesem Sprachgebrauch § 159 RV 1849: „Bitten und Beschwerden“.

der zweiten Hälfte des 19. Jahrhunderts mittlerweile fest etabliert, der umfassende Individualrechtsschutz gegen hoheitliche Eingriffsmaßnahmen vor den Verwaltungsgerichten ergänzend hinzu. Als unmittelbar in der Verfassung verankerte Ansprüche werden diese Ansprüche dennoch nicht verstanden: Sie richten sich auf Unterlassung und Aufhebung gesetzwidriger obrigkeitlicher Befehle. Ihre Basis bildet das an alle Behörden gerichtete „Gebot stets und nur gesetzmässig zu handeln“[23]. Die grundrechtlichen Freiheiten sind insofern „nur innerhalb der gesetzlichen Schranken anerkannt“[24], der Einzelne steht gar nicht in einem Verfassungsrechtsverhältnis zum Staat[25]. Individualrechtsschutz gegenüber dem Staat ist verwaltungsgerichtlicher Schutz, und dieser verwaltungsgerichtliche Schutz zielt auf die Gesetzmäßigkeit der Verwaltung auch insofern, als der Gesetzgeber, indem er die Verwaltung ermächtigt, grundrechtliche Freiheit begrenzt, ausgestaltet, konkretisiert[26].

Daran ändert wenig der Umstand, daß man die Grundrechte der Weimarer Verfassung nach ihrem unterschiedlichen „Wirkungsgrad“ zu klassifizieren suchte, je nachdem, ob nur das verfassungsändernde Reichsgesetz oder unmittelbar verfassungsrechtlich ermächtigte Notmaßnahmen (Art. 48 Abs. 2, 4 WRV) Grundrechtsbeeinträchtigungen legitimieren konnten, ob hierfür bereits ein einfaches Reichsgesetz hinreichend, jedoch auch erforderlich schien oder ob jedes beliebige (Landes-)Gesetz, nicht zuletzt die polizeirechtliche Generalermächtigung, Eingriffe zu rechtfertigen vermochte[27]. Dennoch markierte offenkundig nach allgemeiner Auffassung die (jedenfalls: die formell verfassungsmäßige) Ausgestaltung eines

---

23 *Georg Jellinek*, System der subjektiven öffentlichen Rechte, 2. Aufl., Tübingen 1905, S. 105.

24 *Jellinek*, System (Fn. 23), S. 103.

25 *Ernst Friesenhahn*, Die Staatsgerichtsbarkeit, in: Gerhard Anschütz/Richard Thoma (Hrsg.), Handbuch des Deutschen Staatsrechts, Bd. 2, Tübingen 1932, § 98, S. 523–545, 538.

26 „Verfassungsbeschwerde“ nennt folglich *Friesenhahn*, Staatsgerichtsbarkeit (Fn. 25) „ein besonderes, der Verwaltungsgerichtsbarkeit (!) zugehöriges Rechtsmittel“, S. 527.

27 *Richard Thoma*, Grundrechte und Polizeigewalt, in: Heinrich Triepel (Hrsg.), Verwaltungsrechtliche Abhandlungen. Festgabe zur Feier des fünfzigjährigen Bestehens des preußischen Oberverwaltungsgerichts, Berlin 1924, S. 183–223, 191; *ders.*, Die juristische Bedeutung der grundrechtlichen Sätze der Deutschen Reichsverfassung im allgemeinen, in: Hans Carl Nipperdey (Hrsg.), Die Grundrechte und Grundpflichten der Reichsverfassung, Bd. 1, Berlin 1929, S. 1–53, 33 ff.; *Gerhard Anschütz*, Die Verfassung des Deutschen Reichs vom 11. August 1919, 14. Aufl., Berlin 1933, S. 517 f., 519. So kam man vor allem zur „größere(n) oder geringere(n) Möglichkeit *polizeilicher* Eingriffe und Beschränkungen“, *An-*

Grundrechts durch den Gesetzgeber als authentische Interpretation des Grundrechts dessen normative Reichweite[28]. Das kommt signifikant in der Formel zum Ausdruck, die Notverordnungen des Reichspräsidenten nach Art. 48 Abs. 2 WRV beigegeben wurde, wenn diese Grundrechte außer Kraft setzten: Dann hieß es regelmäßig, daß die Artikel 114 etc. (die einschlägigen Grundrechtsartikel also), „bis auf weiteres außer Kraft gesetzt" seien. „Es sind daher Beschränkungen der persönlichen Freiheit […] (also der einschlägigen Freiheitsgewährleistungen, C.E.) auch außerhalb der sonst hierfür bestimmten gesetzlichen Grenzen zulässig."[29] Außer Kraft gesetzt wurden damit weniger die Grundrechte als die gesetzlichen Bestimmungen zu ihrer Ausgestaltung und Begrenzung. Da nach dieser Vorstellung die Ausgestaltung und Begrenzung durch den Gesetzgeber über die Reichweite der Grundrechtsgarantien entscheidet[30], seine die Verwaltung bindende Grundrechtskonkretisierung aber unter Beteiligung des Wahlvolks zustande kommt, bleibt das repräsentative Moment auch im Individualrechtsschutz wirksam. Der Schutz des individuellen Freiheits- und Gleichheitsinteresses wird damit noch nach der Weimarer Reichsverfassung insgesamt zunächst repräsentativ, über das Parlament als Treuhänder eines allgemeinen Geltungsanspruchs jenes Individualinteresses bewirkt.

---

schütz, aaO, S. 517; vgl. *Horst Dreier*, Die Zwischenkriegszeit, in: Detlef Merten/Hans-Jürgen Papier (Hrsg.), Handbuch der Grundrechte in Deutschland und Europa, Bd. I, Heidelberg 2004, § 4, S. 153–200, Rn. 12 ff.

28 *Albert Hensel*, Die Rangordnung der Rechtsquellen insbesondere das Verhältnis von Reichs- und Landesgesetzgebung, in: Anschütz/Thoma, Handbuch des Deutschen Staatsrechts, Bd. 2 (Fn. 25), § 84, S. 313–329, 316 mit Fn. 2, kritisiert denn auch Thomas Unterscheidung der Grundrechte nach ihrem Wirkungsgrad als eine „nur die formalen Rangordnungsunterschiede […] erfassende(n) Vorbehaltstheorie".

29 Etwa § 1 der VO des Reichspräsidenten zum Schutz von Volk und Staat vom 28. Februar 1933 (Reichstagsbrandverordnung); die Formulierung entsprach der Staatspraxis.

30 Vgl. *Christoph Enders*, Die Freiheit des status subiectionis, in: Winfried Brugger/Rolf Gröschner/Oliver W. Lembcke (Hrsg.), Faktizität und Normativität, Tübingen 2016, S. 109–124, 115 f.

III. Sprengkraft des Fortschritts – Mehr Rechte, weniger Demokratie

Unter dem Grundgesetz wurde dieses Konzept aufgegeben. Das repräsentativ-demokratische Instrument der Ministeranklage lebt in Form der Präsidentenanklage fort (Art. 61 GG), hat aber in dieser, da von echten Machtbefugnissen des Bundespräsidenten kaum die Rede sein kann, sein Wirkungspotential vielmehr in der Sphäre des Symbolischen ein sublimiertes Dasein führt, nahezu jegliche Bedeutung für den Schutz der Verfassung und die Gestaltung der Verfassungswirklichkeit verloren. Für signifikante Verfassungsverletzungen fehlt es an bedeutsamen Gelegenheiten. Die Grundrechte sind demgegenüber mit dem Grundgesetz zu wirklichen Rechten des Einzelnen erstarkt und binden nunmehr die gesamte staatliche Gewalt einschließlich der Gesetzgebung „als unmittelbar geltendes Recht“ (Art. 1 Abs. 3 GG). Sie begründen damit erstmals ein echtes Verfassungsrechtsverhältnis des Einzelnen zum Staat, namentlich in seiner Gesetzgebungsfunktion[31].

Einzelne Vorstöße, gerade den Gesetzgeber auch *unmittelbar rechtlich* an die Verfassung und besonders ihre Grundrechte zu binden, gab es bereits unter der Weimarer Verfassung sowohl in der Literatur[32] wie in der Rechtsprechung des Reichsgerichts, das einen materiellen Vorrang der Verfassung geltend machte und für Gesetzesnormen eine Prüfungs- und Verwerfungskompetenz in Anspruch nahm[33]: Im Einzelfall sollten Gesetze, die gegen die höherrangige Verfassung verstoßen, außer Anwendung bleiben

---

31 *Christoph Enders*, Die Menschenwürde in der Verfassungsordnung, Tübingen 1997, S. 430; zu verfassungsrechtlichen Streitigkeiten, die Einzelpersonen nicht vor den Verwaltungsgerichten führen können, *Klaus Rennert*, in: Erich Eyermann (Begr.), Verwaltungsgerichtsordnung, Kommentar, 15. Aufl., München 2019, § 40, Rn. 21, 27.

32 Vor allem *Carl Schmitt*, Verfassungslehre, München–Leipzig 1928, S. 126 f., 157 ff.; ferner *Hensel*, Rangordnung (Fn. 28), S. 316 in Fn. 2. Zur Gleichheitsgarantie *Erich Kaufmann*, Die Gleichheit vor dem Gesetz des Art. 109 der Reichsverfassung, VVDStRL 3 (1927), S. 2–24, 20; zur Eigentumsgarantie *Martin Wolff*, Reichsverfassung und Eigentum, in: Festgabe für Wilhelm Kahl zum Doktorjubiläum am 19. April 1923, Tübingen 1923, IV, S. 1–30, 3, 5, 6.

33 RG, Urt. vom 4. November 1925, RGZ 111, 320 (322 ff.) – Aufwertungs-Urteil; RGZ 116, 268 – Galgenberg.

können. Solchen Vorstößen ging es meist weniger um die konsequente Umsetzung des Freiheitsprinzips, sie richteten sich vielmehr gegen einen demokratischen Gesetzgeber sozialistischer Prägung, der die überkommene Eigentumsordnung in Frage zu stellen drohte. Der anti-demokratische Impetus wurde schon von Zeitgenossen gesehen. Man erkannte hinter der Behauptung von der verstärkten Geltungskraft der Grundrechte der Weimarer Verfassung das „Mißtrauen gegen ein auf der Souveränität des Volkes beruhendes Parlament, das alle Kreise, welche die Demokratie ablehnten, aufrief, nach Mitteln zu suchen, um der Legislative Schranken zu setzen, sie daran zu hindern, weitergreifende soziale Umstellungen durchzuführen"[34]. Die Herauslösung des Einzelnen aus dem repräsentativ gebildeten und verantworteten Gesamtzusammenhang politischer Herrschaft, die Reduzierung seiner Stellung auf ein Bündel von (Grund-)Rechtsansprüchen gegen den Staat, war das nicht beiläufige Resultat einer Operation, die dazu beitrug, das demokratische Fundament der verfassungsmäßigen politischen Ordnung zu diskreditieren und ihren Zerfall zu beschleunigen. Der Charakter der Grundrechte veränderte sich dabei: Aus Rechten *auf Allgemeinheit* des Individualinteresses, soweit es das Potential der Verallgemeinerung in sich trägt, wurden Rechte *gegen die Allgemeinheit,* gegen die vom Gesetzgeber in politisch-demokratischer, nicht primär rechtlich definierter Verantwortung bestimmten Rahmenbedingungen der Rechts- und Sozialordnung.

In den Verfassungsberatungen zum Grundgesetz hat man ungeachtet dieser Hintergründe den Grundrechten Individualrechtscharakter beilegen wollen, der ausdrücklich und unmißverständlich darin zum Ausdruck kommt, daß diese (auch) die Gesetzgebung „als unmittelbar geltendes Recht" binden (Art. 1 Abs. 3 GG). Freilich haben sich die Rahmenbedingungen gewandelt: Aus der Unsicherheit und Skepsis, ja grundsätzlichen

---

34 *Willibalt Apelt*, Geschichte der Weimarer Verfassung, München 1946, S. 343 f., auch S. 287 f., 300. Kritisch zum „Sieg des Mißtrauens der Juristen gegenüber der Verfassungsloyalität der Politiker […] der Demokratie" bereits *Thoma*, Bedeutung (Fn. 27) S. 41, besonders mit Blick auf *Carl Schmitts* Lehre von den verfassungsänderungsfesten Grundrechtsgehalten, S. 42 ff., die „auf eine Entwertung der geschriebenen Verfassungen hinaus(laufe)". Das Rechtsstaatsideal der Weimarer Reichsverfassung gehe „nicht auf die Bindung des Gesetzgebers, sondern auf Bindung von Justiz und Verwaltung einschließlich ihrer obersten Spitze […]. Die rechtsgestaltende Souveränität soll sich in die Legislative zurückziehen", S. 45, mit dem Resümee, S. 53: „Subjektive Meinungen haben gegenüber den formgerechten Entscheidungen des Gesetzgebers keine rechtliche Geltung". Dazu *Dreier*, Zwischenkriegszeit (Fn. 27), Rn. 31 f.

Feindschaft der Weimarer Zeit gegenüber einer demokratisch legitimierten und durch die Pluralität der Werte und Meinungen gekennzeichneten Ordnung wurde das Zutrauen zu den freiheitlichen Grundsätzen und den Garantien des Rechts, der Sicherheit und sozialen Gerechtigkeit, wie sie das Grundgesetz der Bundesrepublik Deutschland zur Basis eines bald prosperierenden Staatswesens machte. Vor diesem Hintergrund wirken Grundrechte, auch wenn sie rechtsförmig durchsetzbare Ansprüche bezeichnen, nicht als Systembruch im Konzept einer repräsentativen demokratischen Ordnung, sondern bleiben Teil des Systems, dem sie zur gelegentlichen Korrektur von Fehlleistungen der demokratisch legitimierten Institutionen, vor allem auch des Gesetzgebers dienen.

Und dennoch sind negative Effekte, die zu Lasten des repräsentativen Legitimationszusammenhangs gehen und zur Krise der Repräsentation beitragen, nicht zu übersehen: Das zur Wahrung der Verfassung berufene Bundesverfassungsgericht wuchert mit dem Pfund seiner herausragenden und in der genauen Reichweite letztlich von ihm selbst definierten Kontrollfunktion. Das Grundgesetz gilt heute in der Gestalt, die ihm das Bundesverfassungsgericht durch seine häufig sehr eigenständige Auslegung gibt, davon kündet der Verfassungswandel, den das Grundgesetz an vielen Stellen infolge dieser Interpretation durchlaufen hat. Der politische Spielraum, der den Organen der staatlichen Willensbildung und -ausübung in Wahrnehmung ihrer Repräsentationsaufgabe bleibt, wird durch die autoritative Funktion des Bundesverfassungsgerichts unvermeidbar verengt. Die Verunsicherung des Repräsentationszusammenhangs wird besonders dort spürbar, wo das Bundesverfassungsgericht die Geltungskraft der Grundrechte und damit die Rechtsstellung des Einzelnen in seinem Verhältnis zur Allgemeinheit weit über das ursprünglich absehbare Maß hinaus gestärkt hat, um nun über ihre Wahrung und ihre Funktionsbedingungen verbindlich zu entscheiden[35]. Der Gesetzgeber reagiert mittlerweile in Anerkennung dieses Rangverhältnisses häufig, indem er sich bis in Details sei-

35 Zu nennen wären an dieser Stelle nicht nur die Umdeutung von Grundrechtsgarantien auf der Ebene ihres Schutzbereichs (wie etwa der Berufswahlgarantie zum einheitlichen Grundrecht der Berufsfreiheit durch die „Drei-Stufen-Lehre", BVerfGE 7, 377) oder ihrer Schranken (etwa: mit der Anerkennung eines grundgesetzlichen Gegenentwurfs zum NS-Totalitarismus als ungeschriebener Schranke der Meinungsfreiheit, BVerfGE 124, 300, mit der Implementierung des Jugendschutzes als Schranke der Kunstfreiheit, BVerfGE 83, 130 oder mit der Überlagerung speziell geregelter Vorbehaltsklauseln durch ungeschriebene „selbstverständliche" Schranken, BVerfGE 66, 116). Zu nennen wären auch die Anerkennung nicht ausdrücklich normierter Garantien (wie die eines allgemeinen Per-

ner Arbeit vertrauensvoll an die Hand des Bundesverfassungsgerichts begibt: Die Formulierungen, die das Bundesverfassungsgericht hier zur Lösung von Interessenkollisionen findet, werden unbesehen in den Gesetzestext übernommen, der damit vor Verfassungsverstößen bewahrt scheint. Aber was, wenn wie im Falle der automatisierten KfZ-Kennzeichen-Abfrage das Gericht seine Auffassung ändert und seine Rechtsprechung aufgibt[36]? Was, wenn eine Entscheidung gar nicht das letzte Wort sein sollte und konnte und für Interpretationen ihrerseits offen ist, wie etwa im Fall der Definition der Gefahr als zentraler Eingriffsvoraussetzung für die Behörden nach dem BKA-Gesetz[37]? Was, wenn, wie im Sozialrecht, berechtigte Zweifel bestehen, ob verfassungsrechtliche Erwägungen überhaupt geeignet sein können, die für ein menschenwürdiges Dasein unabdingbaren Mindestvoraussetzungen angesichts ihrer situativen Kontingenz zutreffend zu bestimmen[38]? Die Verfassungs- und besonders Grundrechtsbindung des Gesetzgebers vermittelt eine trügerische Sicherheit. Vor allem aber drängt sich die Frage auf: Wozu ein Parlament, wenn das Bundesverfassungsgericht die bessere Gesetzgebungsarbeit leistet?

Die Befähigung des parlamentarischen Gesetzgebers, das Maß der allgemeinen Freiheit nach vernünftigen Grundsätzen verläßlich zu bestimmen, wird dadurch langfristig fragwürdig, das Modell der Repräsentation gerät unweigerlich ins Hintertreffen gegenüber der höheren Vernunft des Bundesverfassungsgerichts. Es verwundert wenig, daß das Bundesverfassungs-

---

sönlichkeitsrechts, BVerfGE 34, 269; 54, 148 oder eines Grundrechts auf substantiell demokratische Entscheidungen, BVerfGE 123, 267) und vor allem die Vermehrung der Grundrechtsfunktionen (durch Anerkennung der mittelbaren Drittwirkung, BVerfGE 7, 198; der grundrechtlichen Schutzpflichten, BVerfGE 39, 1) auch gegen den erklärten Willen des historischen Verfassungsgebers (so für die Statuierung einer grundrechtlichen Leistungsfunktion in Gestalt des Grundrechts auf Gewährleistung eines menschenwürdigen Existenzminimums, Art. 1 Abs. 1 GG, BVerfGE 125, 175).

36 BVerfGE 120, 378 (399): Kein Eingriff in die informationelle Selbstbestimmung liegt vor, wenn „die Daten anonym bleiben und sofort spurenlos und ohne die Möglichkeit, einen Personenbezug herzustellen, gelöscht werden". Die Formulierung wurde übernommen durch § 19a Abs. 1 Satz 6 SächsPolG a.F. vom 15. August1994, SächsGVBl. S. 1541, Bekanntmachung vom 13. August 1999, SächsGVBl. S. 466 m. späteren Änderungen, ebenso jetzt wieder § 58 Abs. 2 Satz 7 SächsPVDG. Anders aber nunmehr BVerfG, Beschl. vom 18. Dezember 2018 – 1 BvR 142/15 = NVwZ 2019, 381 LS 1.

37 BVerfGE 141, 220 (272, Rn. 112); Übernahme der Formulierung etwa durch Art. 11 Abs. 3 BayPAG oder § 55 BKAG.

38 BVerfGE 125, 175; 132, 134; BVerfG, Urt. vom 5. November 2019 – 1 BvL 7/16 = NJW 2019, 3703.

gericht auf der Skala der beliebtesten Einrichtungen des Staatslebens weit oben rangiert, während das Vertrauen in das politische System im übrigen auf immer neue Tiefstwerte sinkt[39]. Immer wieder wird über eine Entlastung des Bundesverfassungsgerichts nachgedacht[40]. Eine solche Zuständigkeits-Entlastung würde jedenfalls die Demokratie stärken, nämlich die Verantwortungsbereitschaft der politischen Institutionen fördern und so der Politikverdrossenheit entgegenwirken.

39 *Renate Köcher*, Das Bollwerk. In einer Zeit großer Unsicherheit wird das Bundesverfassungsgericht zu einer Institution, der die Bürger zutrauen, die politische Ordnung und nationale Interessen zu wahren, FAZ Nr. 195 vom 22.8.2012, S. 10; *dies.*, Erosion des Vertrauens. Das Zutrauen in die Leistung der Regierung und die politische Stabilität des Staates ist erdrutschartig gefallen, FAZ Nr. 270 vom 20.11.2019, S. 10.

40 Etwa *Ernst-Wolfgang Böckenförde*, Die Überlastung des Bundesverfassungsgerichts, ZRP 1996, S. 281–283; *Hans Hugo Klein*, Kann das Bundesverfassungsgericht entlastet werden?, FAZ Nr. 293 vom 17.12.1997, S. 10, 11.

IV. Repräsentation als maßstäbliche Fiktion

Ins Hintertreffen gerät das Modell der Repräsentation aber auch und vor allem, weil vielfach mißverstanden wird, was seine eigentliche Zielvorstellung ist: Gewollt ist nicht eine Repräsentation einzelner Bestandteile des Ganzen als solcher, in ihrer Eigenschaft als Bestandteile, gleich, ob es sich um institutionelle Untergliederungen oder Interessengruppen handelt. Gewollt ist die *Gesamtrepräsentation* des politisch Ganzen als übergreifender Einheit. Gemeint ist damit auch der Wille und das Bekenntnis der *Repräsentanten* zur übergreifenden Idee, die geeignet ist, alle unter sich zu vereinen und alle zu verpflichten.

Das war schon der Clou der Konstituierung des Dritten Standes zur französischen Nationalversammlung am 17. Juni 1789 gewesen[41]: Man hatte seitens des Dritten Standes *alle*, auch die Vertreter der privilegierten Stände des Adels und des Klerus, aufgefordert mitzumachen, sich in den Versammlungsraum der Stände zu begeben, um sich gemeinsam mit den Vertretern des Dritten Standes im Rahmen der Wahlprüfung als Abgeordnete für die weiteren Verhandlungen zu legitimieren und „der Verpflichtung zu genügen, die allen Repräsentanten der Nation auferlegt ist“[42]. Aber kaum ein Mitglied der privilegierten Stände nahm zunächst dieses Angebot, diese Chance der Mitwirkung am politischen Gesamtwerk wahr, die eine Eingliederung nötig gemacht hätte in die Zahl gleichberechtigter, beglaubigter Repräsentanten. Freilich: Sie bildeten ja eine Minderheit der Nation, die nicht ins Gewicht fiel angesichts der von der Versammlung wahrzunehmenden einheitlichen und unteilbaren Repräsentationsfunktion[43]. Hinter dem Formprinzip einer alle Staatsbürger förmlich verbinden-

---

41 *Ernst Schulin*, Die Französische Revolution, 4. Aufl., München 2004, S. 69 f. Vgl. Antrag von *Sieyes* und Ultimatum der Communes vom 10. Juni 1789, das Stück Papier, von dem man sagt, es habe die Revolution entschieden, sowie Erklärung der Communes zur Nationalversammlung vom 17. Juni 1789, in: Politische Schriften (Fn. 5), S. 229–233 und S. 235–238.

42 *Sieyes,* Ultimatum der Communes (Fn. 41), S. 233.

43 In der Erklärung der Communes zur Nationalversammlung (Fn. 41), S. 237, heißt es: „eine solch umfassende Deputation […] kann infolge der Abwesenheit von Abgeordneten einiger Vogteien […] oder einiger Klassen unter den Bürgern nicht in Untätigkeit verharren; denn die Abwesenden, die aufgerufen sind, können die Anwesenden nicht daran hindern, die Fülle ihrer Rechte auszuüben […].

den, auf der Nationalsouveränität basierenden Gesamtrepräsentation des nationalen politischen Willens schien dann sehr bald schon, nämlich am 20. Juni 1789, eine inhaltlich übergreifende Idee auf: Man schwor sich an diesem Tag im Saal eines Ballspielhauses, nicht eher auseinanderzugehen, als bis eine alle einende Verfassung geschaffen sei. Eine Verfassung sollte die Prinzipien des Verhältnisses der Einzelnen zum Staatsganzen, die Menschen- und Bürgerrechte, und die Verfahren und Institutionen der staatlichen Willensausübung bestimmen und dauerhaft verbürgen. Nur eine Verfassung konnte den Beratungen und Beschlüssen der Nationalversammlung Dauerhaftigkeit verleihen[44].

Freilich konstituiert auch eine Verfassung Inhalte nur in allgemeiner und abstrakter Weise, sie konstituiert sie gewissermaßen nur der Form nach. Und so wurde ein Drittes wichtig: Wie die *Richtschnur politisch verantwortlichen und insoweit: repräsentativen Handelns* in jedem Einzelfall zu formulieren, was der Leitfaden für die gewählten politischen Entscheidungsträger sei, die zentrale Leitidee und Bedingung erfolgreicher Repräsentation und gelingender Freiheitsorganisation. In Frankreich waren die Voraussetzungen in der Theorie auch hier durch Abbé *Emmanuel Joseph Sieyes* ausgesprochen worden. Er konstatierte, daß die „Glieder einer Nationalversammlung" nach ihrer Bestimmung einen „gemeinschaftlichen Willen" bilden, „welcher sich nur auf das Gemeinwohl beziehen darf"[45] und sich daher mit den Angelegenheiten der Bürger nur „unter dem Gesichtspunkt des *gemeinschaftlichen* Interesses"[46] befasse – ein Ziel, das schon in Anbetracht der unumgänglichen Einführung des Mehrheitsprinzips und der Aufgliederung der Wählerschaft in Bezirke[47] wahrhaft nur er-

---

Da es nur den beglaubigten Repräsentanten zukommt, an der Bildung des Nationalwillens mitzuwirken und da sämtliche beglaubigten Repräsentanten dieser Versammlung angehören, ist darüber hinaus der Schluß unerläßlich, daß es dieser Versammlung, und nur ihr, zukommt, den Gemeinwillen der Nation zu repräsentieren". Insbesondere, so die Begründung, sei „die Repräsentation einheitlich und unteilbar".

44 Wiederum bereits im Vorfeld *Emmanuel Joseph Sieyes*, Überblick über die Ausführungsmittel Die den Repräsentanten Frankreichs 1789 zur Verfügung stehen, in: Politische Schriften (Fn. 5), S. 17–90, 65 und *Emmanuel Joseph Sieyes*, Was ist der Dritte Stand?, hrsg. v. Otto Dann, Essen 1988, S. 79 ff.

45 *Sieyes*, Der Dritte Stand (Fn. 44), S. 103.

46 *Sieyes*, Der Dritte Stand (Fn. 44), S. 105; auch *ders.*, Einleitung zur Verfassung (Fn. 5), S. 251.

47 *Sieyes*, Überblick über die Ausführungsmittel der Repräsentanten (Fn. 44), S. 28 ff.; *ders.*, Der Dritte Stand (Fn. 44), S. 78 f.; auch *ders.*, Einleitung zur Verfassung (Fn. 5), S. 251 f.

reicht werden konnte, wenn „jeder Abgeordnete die Gesamtheit der Vereinigung repräsentiert“[48]. Die französische Verfassung von 1791 nahm den von Sieyes vorformulierten Gedanken mit einer Selbstverständlichkeit auf, die der (nach Tit. III, Art. 1 und 2) dezidiert repräsentativen Umsetzung ihres zentralen Legitimationsprinzips der Volkssouveränität[49] entsprach: „Die in einem Departement gewählten Abgeordneten sollen nicht Abgeordnete eines besonderen Departements, sondern der ganzen Nation sein. Und es kann ihnen kein Auftrag gegeben werden“, heißt es in Art. 7 des III. Abschnitts des I. Kapitels in Titel III.

Ganz anders war der Ausgangspunkt der deutschen Verfassungen des frühen 19. Jahrhunderts. Dem gefürchteten und verpönten Legitimationsgrund der Volkssouveränität wurde programmatisch das monarchische Prinzip entgegengesetzt, die Lehre vom Monarchen als dem souveränen Oberhaupt des Staates, das in sich „alle Rechte der Staatsgewalt“ vereinigt und das Volk nur in bestimmten Hinsichten gemäß der freiwillig eingehaltenen Verfassung an seiner Macht teilhaben läßt[50]. Auch waren in Deutschland die sozialen Ordnungsstrukturen nicht revolutionär egalisiert. Die deutschen Verfassungsprojekte hatten es mit einer ständisch geprägten Gesellschaft zu tun, waren darum mit sozial tief verwurzelten, rechtlichen und politischen Privilegien konfrontiert, die durch die Deutsche Bundesakte vom 8. Juni 1815 anerkannt waren (vgl. Art. XIV BA) und deren fortdauernde Wirksamkeit von den Verfassungen der deutschen Staaten garantiert werden mußte. Die Richtschnur politisch verantwortlichen repräsentativen Handelns war demgemäß keine Selbstverständlichkeit: Sollten die Exemtionen vom allgemeinen staatsbürgerlichen Stand, sollte die Pflege von Privilegien in den Verhandlungen und Maßnahmen der Stände-Versammlungen ihre konsequente Fortsetzung finden, wie *Friedrich von Gentz*, der Apologet „des Ständestaats mit Adelsvorrecht“[51],

48 *Sieyes*, Überblick über die Ausführungsmittel der Repräsentanten (Fn. 44), S. 31, auch S. 57.

49 Nachdem Art. 1 des Titel III. das Prinzip der Volkssouveränität statuiert, befindet Art. 2, daß die aus der Souveränität fließende Staatsgewalt nur durch Übertragung ausgeübt werden kann: „Die französische Verfassung ist eine Repräsentativverfassung“.

50 Oben bei und in Fn. 14.

51 *Dieter Henrich*, Über den Sinn vernünftigen Handelns im Staat, in: Hans Blumenberg/Jürgen Habermas/Dieter Henrich (Hrsg.), Kant – Gentz – Rehberg. Über Theorie und Praxis, Frankfurt a.M. 1967, S. 7–36, 22.

dies 1819 konsequent forderte[52]? Die frühkonstitutionellen Verfassungen setzten indessen einen deutlich gegenläufigen Akzent. Gerade angesichts der Ablehnung einer originären Rechtfertigung politischer Herrschaft aus dem Grundsatz der Volkssouveränität und angesichts vormoderner Wirkungsbedingungen in der Verfassungsrealität empfand man es als notwendig, die moderne Leitidee wahrer Repräsentation positiv zu formulieren und in den Verfassungstext aufzunehmen. Trotz oder gerade wegen ihrer revolutionär defizitären Entstehung bekannten sich die deutschen Verfassungen ausdrücklich zum *Prinzip der Gesamtrepräsentation*. So mußte nach der Verfassung des Königreichs Bayern (vom 26. Mai 1818) jedes Mitglied der Ständeversammlung schwören, „in der Stände-Versammlung nur des ganzen Landes allgemeines Wohl und Beste ohne Rücksicht auf besondere Stände oder Klassen nach meiner innern Überzeugung zu berathen [...]"[53]. Ähnlich heißt es in der Verfassungs-Urkunde für das Königreich Württemberg (vom 25. September 1819, § 155): „[1] Der Gewählte ist als Abgeordneter, nicht des einzelnen Wahlbezirks, sondern des ganzen Landes anzusehen. [2] Es kann ihm daher auch keine Instruktion, an welche er bei seinen künftigen Abstimmungen in der Stände-Versammlung gebunden wäre, ertheilt werden."[54] Erst dadurch werden die Mitglieder der Stän-

52 In seiner Schrift: *Friedrich von Gentz*, Ueber den Unterschied zwischen den landständischen und Repräsentativ-Verfassungen, in: Carl Theodor Welcker (Hrsg.), Wichtige Urkunden für den Rechtszustand der deutschen Nation, Mannheim 1844, S. 220–229, 221, 222. Zu *Gentz* und seiner Denkschrift *Frotscher/Pieroth*, Verfassungsgeschichte (Fn. 14), Rn. 260 f.; *Grimm*, Deutsche Verfassungsgeschichte (Fn. 14), S. 147.

53 Ähnlich die Verfassungsurkunde für das Großherzogtum Baden (vom 22. August 1818, § 48): „Die Ständeglieder sind berufen, über die Gegenstände ihrer Berathungen nach eigener Ueberzeugung abzustimmen. Sie dürfen von ihren Committenten keine Instructionen annehmen". *Gentz*, Ueber den Unterschied (Fn. 52), S. 225 f., zitiert kritisch aus den Verhandlungen „der Baden'schen Deputirtenkammer" das dort förmlich ausgesprochene Prinzip, „‚daß jede Kammer und *jedes Mitglied jeder Kammer, ohne alle Rücksicht auf besondere Verhältnisse oder Gerechtsame*, nur als *Vertreter der Gesammtheit* betrachtet werden sollen'".

54 Die erste Aussage (Abgeordneter des ganzen Landes) erläutert, warum Instruktionen der abordnenden Personen, Gruppierungen oder Institutionen gegenüber dem Abgeordneten ausscheiden müssen, wie es der zweite Absatz vorsieht. Zugleich ist umgekehrt die Abwesenheit eines Weisungsverhältnisses Bedingung einer Repräsentation, die als Gesamtrepräsentation auf das Allgemeine zielt, nicht als Vertretung von Sonderinteressen angelegt ist und fungieren soll. Vgl. *Georg Wilhelm Friedrich Hegel*, Grundlinien der Philosophie des Rechts (1820), in: ders., Werke, hrsg. v. Eva Moldenhauer/Karl Markus Michel, Bd. 7, Frankfurt

deversammlung zu echten Volksvertretern und wird die Ständeversammlung zu einer Volksvertretung im modernen Sinne[55].

Nach diesem Verständnis ist die Wahrung der Verfassung, auch der Grundrechte, da sie maßgeblich der Ständeversammlung als Volksvertretung übertragen ist (s. II.), bewußt rückgebunden an das Leitbild der Gesamtrepräsentation und unter den Gesichtspunkt des gemeinschaftlichen Interesses gestellt. Für die Grundrechte bedeutet das: Mit ihrer Wahrnehmung durch die Volksvertretung wird das individuelle Interesse zum allgemeinen Anliegen erhoben – im Sinne eines gesetzlichen Schutzes von Freiheit, Eigentum und Sicherheit. Denn die Volksvertretung ist gehalten, ihren Schutz nach repräsentativen Grundsätzen, d.h. (nur) unter dem allgemeinen *Gesichtspunkt des gemeinschaftlichen Interesses* zu gewähren. Nicht das Sonderinteresse von Einzelnen, Gruppen oder Korporationen, steht unter dem Titel der Grundrechte zur Debatte, sondern was allen *gemeinschaftlich* in Ausübung ihrer Freiheit zugutekommt, soll maßgeblich sein[56]. So laufen die Grundrechte nach den Prinzipien ihrer Verwirklichung auf

---

a.M. 1970, § 309 (S. 478): „Da die Abordnung zur Beratung und Beschließung über die *allgemeinen* Angelegenheiten geschieht, hat sie den Sinn, [...] daß sie (die Abgeordneten) nicht das besondere Interesse einer Gemeinde, Korporation gegen das allgemeine, sondern wesentlich dieses geltend machen. Sie haben damit nicht das Verhältnis, kommittierte oder Instruktionen überbringende Mandatarien zu sein, um so weniger, als die Zusammenkunft die Bestimmung hat, eine lebendige, sich gegenseitig unterrichtende und überzeugende, gemeinsam beratende Versammlung zu sein".

55 Mit pejorativem Unterton spricht *Gentz* (1819) in seiner Denkschrift, Ueber den Unterschied (Fn. 52), davon, daß in einer Repräsentativ-Verfassung die Abgeordneten „die *Gesamtmasse des Volks*" vorzustellen berufen seien. Sachlich dann zum Repräsentationsgedanken *Heinrich Zoepfl*, Grundsätze des allgemeinen und deutschen Staatsrechts, Zweiter Teil, 4. Aufl., Heidelberg–Leipzig 1856, § 345, S. 392 f.: „Die Ständeversammlung ist daher eine wahre Stellvertretung (Repräsentation) *des gesammten Volkes* und seiner *allgemeinen Interessen*, und zwar in der Art, dass kraft einer *Rechtsfiktion* alles, was diese Körperschaft *innerhalb des Kreises* ihrer grundgesetzlich bestimmten Befugnisse und in den gesetzlich bestimmten *Formen* beschließt, unbedingt und ohne Weiteres als Willenserklärung sämmtlicher Staatsangehörigen gelten muss [...]". Vgl. auch *Meyer/Anschütz*, Lehrbuch des deutschen Staatsrechts (Fn. 15), S. 330. Zusammenfassend *Grimm*, Deutsche Verfassungsgeschichte (Fn. 14), S. 125; *Adalbert Podlech*, Art. Repräsentation, in: Otto Brunner/Werner Conze/Reinhart Koselleck (Hrsg.), Geschichtliche Grundbegriffe. Historisches Lexikon zur politisch-sozialen Sprache in Deutschland, Bd. 5, Stuttgart 1984, S. 509–547, 535.

56 *Sieyes*, Der Dritte Stand (Fn. 44), S. 102: „Es ist unmöglich, sich eine rechtliche gesellschaftliche Vereinigung vorzustellen, deren Zweck nicht die gemeinschaftliche Sicherheit, die gemeinsame Freiheit, kurz das Gemeinwohl wäre". Daher

die Leitidee der Gesamtrepräsentation zu, mit dem sie das Einzelinteresse unauflöslich verknüpfen[57].

Wenn aber den deutschen Verfassungen angesichts einer vormodernen sozialen und politischen Wirklichkeit gar nichts übrigblieb als aus der Not eine Tugend zu machen und die Gesamtrepräsentation zum Leitbild politischen Handelns zu erheben und damit lediglich als Fiktion realisieren zu können: Hat sich ein solches Repräsentationsmodell nicht längst, nämlich mit fortschreitender Demokratisierung der politischen Verhältnisse in Deutschland, erledigt? Garantieren nicht die heute – anders als damals – vor dem Hintergrund der Volkssouveränität anerkannten Grundsätze der Allgemeinheit und Gleichheit der Wahl eine weitestmöglich wahrheitsgetreue Abbildung der Interessenlagen und der Stimmung im Volk und eine echte Repräsentation, bei der das Parlament die Repräsentationsfunktion durch die Gesamtheit seiner Mitglieder und die Summe ihrer Entscheidungen erfüllt[58]? Die maßgeblichen Stichworte gibt die Verfassungs-Urkunde für den Preußischen Staat (vom 31. Januar 1850, Art. 83). Sie weist bereits deutlich in die Zukunft, wenn sie, in einer uns nun schon vertraut klingenden Diktion, das Leitbild wahrhafter Repräsentation formuliert: „Die Mitglieder beider Kammern sind Vertreter des ganzen Volkes. Sie stimmen nach ihrer freien Überzeugung und sind an Anträge und Instruktionen nicht gebunden“[59]. Dieser Grundsatz hat sich nicht überlebt. Über

---

sind „Gegenstand der Versammlung […] die gemeinschaftlichen Anliegen“, S. 103. Auch für die rechtlich anerkannten Individualinteressen gilt: „Alle hängen gleichermaßen von dem Gesetz ab, alle übertragen demselben, ihre Freiheit und ihr Eigentum zu beschützen; und dies ist es, was ich die *gemeinsamen Rechte* der Bürger nenne, wodurch alle gleich sind“, S. 105. Nach *Georg Wilhelm Friedrich Hegel* geschieht „die Abordnung zur Beratung und Beschließung über die *allgemeinen* Angelegenheiten“. Daher kommt es, „(f)ührt man Repräsentation ein“, und soll folglich „die Einwilligung nicht unmittelbar durch alle, sondern durch Bevollmächtigte geschehen“, „nicht darauf an, daß das Individuum als abstrakt einzelnes zum Sprechen kommt, sondern daß seine Interessen sich in einer Versammlung geltend machen, wo über das Allgemeine gehandelt wird. Daß dieses der Abgeordnete vollbringe und befördere, dazu bedarf es für die Wählenden der Garantie“, Grundlinien der Philosophie des Rechts (Fn. 54), § 309 und Zusatz (S. 478 f.).

57 *Enders*, Die Grundrechte der Deutschen (Fn. 13), S. 152.

58 Vgl. *Horst Dreier*, Das Problem der Volkssouveränität, in: Stekeler-Weithofer/Zabel, Philosophie der Republik (Fn. 8), S. 37–56, 50 f., 52.

59 Im Entwurf der siebzehn Männer des öffentlichen Vertrauens vom 26. April 1848 zur Revision der Bundesverfassung, maßgeblich inspiriert von Vorarbeiten *Friedrich Christoph Dahlmanns* und *Georg Beselers*, heißt es in § 15: „Jedes Mitglied des

die Reichsverfassung von 1871[60] und die Weimarer Reichsverfassung[61] hat die Formulierung Eingang in das Grundgesetz gefunden, dessen Art. 38 Abs. 1 Satz 2 bekundet: Die Abgeordneten des Deutschen Bundestages „sind Vertreter des ganzen Volkes, an Aufträge und Weisungen nicht gebunden und nur ihrem Gewissen unterworfen".

Was für gewählte Abgeordnete in spezifischer Weise und mit der besonderen Konsequenz der Weisungsfreiheit gilt, ist in seinem Ausgangspunkt der Gesamtrepräsentation („Vertreter *des ganzen Volkes*") überhaupt kennzeichnend für das *Repräsentativ-System einer Republik*, in der die Leitidee der Repräsentation die Handlungsorientierung aller Träger von Staatsgewalt bestimmt[62]. Die nord-amerikanische Verfassungsbewegung hat dies betont, aber auch den französischen Revolutionären von 1789 stand der Umstand klar vor Augen, die ihre Verfassung von 1791 ausdrücklich als „Repräsentativverfassung" bezeichneten (Tit. III. Art. 2): Staatsgewalt ist zu treuen Händen übertragene Gewalt, der Wille des Staates, ausgeübt durch seine Organe, ist damit repräsentierter gemeinschaftlicher Wille, diese Bestimmung ist die jederzeitige Richtlinie allen Staatshandelns in einer Republik[63]. Das ist auch mit *Kants* Wendung gemeint, in der Republik sei

---

Reichstages […] vertritt ganz Deutschland und ist an Instructionen nicht gebunden".

60 Art. 29 RV 1871: „Die Mitglieder des Reichstages sind Vertreter des gesammten Volkes und an Aufträge und Instruktionen nicht gebunden".

61 Art. 21 WRV: „Die Abgeordneten (scil.: des Reichstags, C.E.) sind Vertreter des ganzen Volkes. Sie sind nur ihrem Gewissen unterworfen und an Aufträge nicht gebunden".

62 Und in der Tat ist nach *Anschütz*, Verfassung des Deutschen Reichs (Fn. 27), S. 181, der gewählte Abgeordnete „staatsrechtlich betrachtet, Reichsorgan, nichts sonst"; vgl. auch *Rolf Gröschner*, Die Republik, in: Isensee/Kirchhof (Fn. 8), § 23, S. 369–428, Rn. 74. Umgekehrt repräsentieren in einem solchen System auch die Institutionen der Exekutive den allgemeinen Willen, wie die französische Verfassung von 1791 zeigt, Tit. III., Art. 2 Abs. 2, Art. 4.

63 Vgl. Art. 2 der Virginia Bill of Rights vom 12. Juni 1776; *Alexander Hamilton/James Madison/John Jay*, 10. Artikel, Die Federalist Papers, hrsg. v. Barbara Zehnpfennig, Darmstadt 1993, S. 93 ff., 97; *Thomas Paine*, Rights of Man II (1792), in: ders., Rights of Man, Common Sense and Other Political Writings, hrsg. v. Mark Philp, New York 2008, S. 199, 242: „Government […] is altogether a trust, in right of those by whom this trust is delegated […]"; *Sieyes*, Überblick über die Ausführungsmittel der Repräsentanten (Fn. 44), S. 30; *ders.*, Der Dritte Stand (Fn. 44), S. 78 f.; *ders.*, Einleitung zur Verfassung (Fn. 5), S. 252 („Der Inhaber eines öffentlichen Amtes […] übt also keine eigene, sondern die Gewalt aller aus, sie ist ihm nur anvertraut worden […]"); in der Sache auch Art. 3 S. 2 der Erklärung der Menschen- und Bürgerrechte. Bereits bei *Jean-Jacques Rousseau*, Vom Ge-

das Gesetz selbstherrschend und hänge an keiner besonderen Person[64]. Oder, wie *Thomas Paine* es ausdrückte: „The government of a free country, properly speaking, is not in the persons, but in the laws"[65]. Daher *Kants* Forderung, daß die Verfassung eines Staates republikanisch sein solle und die Feststellung, daß alle „Regierungsform [...], die nicht *repräsentativ* ist, [...] eigentlich eine *Unform* (ist)"[66]. Das bedeutet: Die Ausübung staatlicher Gewalt wird nicht nur als übertragene Herrschafts- und Bestimmungsmacht ausschließlich von der Souveränität des Volkes abgeleitet. Im repräsentativen System der Republik wird Herrschaft auch durchgängig abgerückt von der Einzelperson und losgelöst von möglichen Sonderinteressen konstruiert. Anders ließe sich das Mehrheitsprinzip für Wahlen und Abstimmungen, anders ließen sich überhaupt Entscheidungen im Namen aller, die doch stets manche mehr, andere weniger belasten werden, kaum rechtfertigen[67]. Die Gesamtrepräsentation bleibt dabei so fiktiv[68] wie ja auch das dabei repräsentierte Volk als Souverän stets ein „*Gedankending*" ist[69]. Aber die Fiktion gibt doch den Ansatzpunkt für handlungsleitende

---

sellschaftsvertrag (1762), hrsg. v. Hans Brockard, Stuttgart 1977, III. 1., S. 62 heißt es: Der „Akt, durch den sich ein Volk Oberhäuptern unterwirft, (ist) keinerlei Vertrag [...]. Es handelt sich ausschließlich nur um einen Auftrag, ein Amt, bei dem diese als einfache Beamte des Souveräns in dessen Namen die Macht ausüben, die er ihnen anvertraut hat". In diesem Sinne auch BVerfGE 128, 226 (244 f.) in Verknüpfung mit dem Neutralitätsgebot.

64 *Kant*, Metaphysik der Sitten (Fn. 3), § 52, S. 464; vgl. auch *dens.*, Über den Gemeinspruch: Das mag in der Theorie richtig sein, taugt aber nicht für die Praxis (1793), in: Werke (Fn. 3), Bd. VI, 1983, S. 125–172, 149 m. Anm. *. *Gröschner*, Die Republik (Fn. 62), Rn. 37–39, auch Rn. 74.

65 *Paine*, Rights of Man II (Fn. 63), S. 199, 237. Ähnlich *Rousseau*, Gesellschaftsvertrag (Fn. 63), II. 6, S. 41: „Republik nenne ich [...] jeden durch Gesetze regierten Staat [...], weil nur hier das öffentliche Interesse herrscht [...]. Jede gesetzmäßige Regierung ist republikanisch".

66 *Immanuel Kant*, Zum ewigen Frieden (1795), in: Werke, Bd. VI (Fn. 64), S. 191–251, 204, 207.

67 Vgl. *Sieyes*, Überblick über die Ausführungsmittel der Repräsentanten (Fn. 44), S. 29 ff., 57.

68 Vgl. *Zoepfl*, Grundsätze (Fn. 55), S. 393: „Rechtsfiktion".

69 Mit Blick auf einen aufgeklärten monarchischen Absolutismus nennt *Kant* den Souverän „ein (das gesamte Volk vorstellendes) *Gedankending*", *Kant*, Metaphysik der Sitten (Fn. 3), § 51, S. 461. Er ist dies nach dem Grundsatz der Volkssouveränität ursprünglich aber auch in der Demokratie, vgl. *Catherine Colliot-Thélène*, Demokratie in Europa, in: Enders/Kahlo/Mosbacher (Hrsg.), Europa nach Napoléon (Fn. 13), S. 314–326, 320 f., 324; in der Analyse übereinstimmend, freilich mit anderen Folgerungen *Philip Manow*, Demokratisierung der Demokratie (Fn. 10), S. 5.

Maximen und belastbare, d.h.: auch andere überzeugende Entscheidungskriterien.

Identität des Souveräns mit den Akteuren politischen Entscheidens herrscht allerdings, so scheint es, wenigstens im Moment der Verfassunggebung, allein in diesem Moment wird der Volkswille nicht nur repräsentiert, sondern ist real und wirklich aktiv. *Kant* jedenfalls befindet, das *vereinigte Volk* (gemeint wohl: das *zur Verfassunggebung* vereinigte Volk[70]) repräsentiere nicht bloß den Souverän, es sei dieser selbst[71]. Zweifel an einer Deutung im unmittelbaren Wortsinne sind angebracht: Auch die verfas-

---

70 Wie sich unter Rückgriff auf *Sieyes*, Der Dritte Stand (Fn. 44), S. 80 f. rekonstruieren läßt: „Die Nation […] ist der Ursprung von allem […] sie ist das Gesetz selbst […] Wenn wir uns eine richtige Vorstellung von den positiven Gesetzen machen wollen, die nur von ihrem Willen ausgehen können, sehen wir in erster Linie die Gesetze der Grundverfassung […]. Die Verfassung ist […] nicht das Werk der gesetzten (scil.: übertragenen, C.E.), sondern der gesetzgebenden Macht. […] In der ersten Epoche hat sie (scil.: die Nation, C.E.) alle Rechte einer Nation, in der zweiten übt sie sie (in Gestalt der Grundverfassung [Konstitution]) aus, in der dritten läßt sie durch ihre Stellvertreter alles ausführen, was zur Erhaltung und Ordnung der Gemeinschaft nötig ist."

71 *Kant*, Metaphysik der Sitten (Fn. 3), § 52, S. 464 f. Unzutreffend ist daher die Annahme von *Wiegand*, Demokratische Narrative (Fn. 8), S. 18 f., ebenso *ders.*, Demokratie und Republik, Tübingen 2017, S. 62, 123 f., *Kant* vernachlässige das Problem der konkreten Erzeugung staatlicher Gesetze und marginalisiere die praktischen Verwirklichungsbedingungen des freiheitsgesetzlich begründeten staatlichen Rechts, bleibe, da die Allgemeinheit der Rechtsregeln in ihrer legitimatorischen Qualität ein ideelles Konstrukt darstelle, indifferent gegenüber einer wirklichen politischen Partizipation des Volkes und unklar mit Blick auf die Mehrheitsregel. Nur ein normativ (wohl: durch eine Verfassung) auf das Prinzip der Allgemeinheit auch inhaltlich verpflichteter Volkswille könne mit Rechtsgeltungs- und -befolgungsanspruch auftreten, so *Wiegand*, Demokratie und Republik, aaO, S. 124. *Kants* Überlegungen zur Verfassunggebung während der Französischen Revolution belegen demgegenüber, daß Kant das Rechtfertigungsproblem, auch wo er das (zur Verfassunggebung) vereinigte Volk als Souverän fingiert, durchaus in einen konkret-historischen und politischen Entstehungszusammenhang gestellt und nicht einfach unter Vernachlässigung der praktischen Verwirklichungsbedingungen als Gegenstand einer abstrakten vernunftrechtlichen Hilfskonstruktion (miß-)verstanden hat. Auch über die Notwendigkeit von Mehrheitsentscheidungen war sich *Kant* im klaren: Über den Gemeinspruch (Fn. 64), S. 152 f., hier in der Sache wieder wie *Sieyes* argumentierend: Überblick über die Ausführungsmittel der Repräsentanten (Fn. 44), S. 28 f.; *ders.*, Der Dritte Stand (Fn. 44), S. 78 f.; *ders.*, Einleitung zur Verfassung (Fn. 5), S. 251 f.: Der Gesellschaftsvertrag zur Begründung des staatlichen Gemeinwesens kann nur von sämtlichen Einzelnen einvernehmlich geschlossen werden. Die weiteren Entscheidungen zur Errichtung der staatlichen Institutionen, zur Bestimmung und ggf. bei der Ausübung ihrer Kompetenzen müssen mehrheitlich (von Abgeordne-

sunggebende Gewalt ist Fiktion. Selbst eine verfassunggebende Nationalversammlung als Ausdruck der verfassunggebenden Gewalt des Volkes agiert letztlich repräsentativ[72] – obzwar die Fiktion hier von greifbarer Realität sein und gelegentlich dem von *Rousseau* gezeichneten Bild nahekommen mag, nach dem zwischen den Schweizer Bauern, die unter einer Eiche ihre Staatsgeschäfte erledigen, ein selbstverständliches, mystisches Einvernehmen herrscht. Wer hier Gesetze vorschlägt, spricht „nur aus, was alle schon gefühlt haben"[73].

---

ten als Volksvertretern) getroffen werden, wozu sich alle (einstimmig) im Gründungsakt verstanden haben. Die Allgemeinheit muß in der Folge an dem Ort gesichert werden, wo verbindlich im Namen des Volkes entschieden wird, namentlich durch die gesetzgebenden Abgeordneten, die insoweit eine besondere Verantwortlichkeit trifft, vgl. *Hegel,* Grundlinien der Philosophie des Rechts (Fn. 54), § 309, Zusatz (S. 478 f.).

72 *Sieyes*, Einleitung zur Verfassung (Fn. 5), S. 250, bekennt: „Es ist indes nicht notwendig, daß die Glieder der Gesellschaft persönlich die verfassungsgebende Gewalt ausüben, sie können vielmehr ihr Vertrauen Stellvertretern schenken, die sich allein zum Zweck der Verfassungsgebung versammeln [...]." Abweichend freilich *Sieyes*' Darstellung in seiner Schrift Der Dritte Stand (Fn. 44), S. 79: „Ich unterscheide die dritte Epoche [scil.: einer durch Vollmacht ausgeübten Regierung, C.E.] von der zweiten darin, daß es nicht mehr der *wirkliche* gemeinschaftliche Wille ist, der hier handelt, sondern ein repräsentierter gemeinschaftlicher Wille"; vgl. oben in Fn. 70.

73 *Rousseau*, Gesellschaftsvertrag (Fn. 63), IV. 1, S. 112.

V. Die Krise der Repräsentation – Ein Mißverständnis und seine Bewältigung im kategorischen Imperativ der Repräsentation

Man sieht: In der Vorstellung von der Gesamtrepräsentation erscheint die Repräsentation (des politischen Willens der Staatsbürger und Staatsbürgerinnen) zwar als *Fiktion* – aber doch als Fiktion, der Realität zukommt als ernstzunehmende Leitidee politischen Handelns, an der sich die Ausübung des Staatswillens durch die Repräsentanten des Volkes orientieren kann und muß und in der der allgemeine Wille gegenwärtig ist. Die „Krise der Repräsentation" erscheint danach in einem anderen Licht: Sie ist nicht gekennzeichnet durch die mangelhafte Präsenz von Einzel- und Partikularinteressen im Geschäft der Politik, denn Repräsentation meint nicht einfach Interessenvertretung – sondern durch einen Mangel an positiven Prinzipien, an Bereitschaft, solche Prinzipien, die auf das Gemeinschaftliche zielen, zu entwickeln, gekennzeichnet durch die Weigerung, sich dieser Aufgabe ernsthaft zu stellen, deren Bewältigung man nicht selten lieber dem Bundesverfassungsgericht überläßt, bei dem das Allgemeine besser aufgehoben scheint.

Die Leitidee der Repräsentation, aus der sich die Richtschnur für das Handeln der Repräsentanten ableitet, normiert allerdings keine meßbaren, damit nachprüfbaren oder gar einklagbaren Standards. Jedoch scheint in ihr als Zielvorstellung die volonté générale auf, die Übereinstimmung einer voluntativen Verfolgung von individuellen Eigeninteressen mit dem gemeinschaftlichen Willen als Willen des Volks. Beide sollen möglichst zur Deckung gebracht werden. Klientelpolitik und Selbstbedienungsmentalität, überhaupt Begünstigung von Sonderinteressen darf es daher nicht geben[74]. Während der Verhandlungen zum Grundgesetz war man sich im

---

74 Vgl. *Böckenförde*, Demokratie und Repräsentation (Fn. 1), S. 404; bereits *Hegel*, Grundlinien der Philosophie des Rechts (Fn. 54), § 309, S. 478. Als defizitär analysiert daher Leibholz die Weimarer Situation des Repräsentativsystems – mit Rücksicht auf die einseitige Betonung und Durchsetzung von Partikularinteressen durch die politischen Parteien im Parlament im Wege faktischer Weisungsrechte. Es handele sich indessen bei der Parteien-Demokratie um nichts anderes als eine Erscheinungsform der unmittelbaren Demokratie, die nicht auf Repräsentation setze, vielmehr auf die Identität von Regierenden und Regierten abhe-

Parlamentarischen Rat sehr wohl der normativen Spannung bewußt, in die eine solche Anforderung die einzelnen Abgeordneten, ihr Entscheiden und Handeln, ihrer verfassungsrechtlichen Stellung nach zu den ganz gewöhnlichen Umständen des alltäglichen Politikbetriebs setzt. Und doch hielt man sie als stete Mahnung an das Grundprinzip der Gesamtrepräsentation für unabdingbar[75]. Die Abgeordneten sind darum nicht nur an Aufträge und Weisungen nicht gebunden, verfügen also jenseits aller Partei-

---

be: *Gerhard Leibholz*, Das Wesen der Repräsentation unter besonderer Berücksichtigung des Repräsentativsystems, Berlin–Leipzig 1929, S. 113 ff., 118.

75 Zwar wandte der Abgeordnete *Heiland* „die Mentalität der Menschen draußen" gegen dieses Verständnis von Repräsentation ein (in der zweiten Sitzung des Organisationsausschusses vom 16. September 1948): „Jeder weiß, daß jeder Abgeordnete seine politische Arbeit mit einer ganz bestimmten Einstellung leistet. Mit dieser bestimmten politischen Einstellung bin ich nicht dem ganzen Volke gegenüber verantwortlich, kann ich in letzter Konsequenz nicht der Vertreter des ganzen Volkes sein [...]. Die Meinungen, die politischen Schichtungen, die Empfindungen über die politische Lage sind eben in der Gesamtbevölkerung so unterschiedlich.", in: Der Parlamentarische Rat. Akten und Protokolle, hrsg. vom Deutschen Bundestag und vom Bundesarchiv, Bd. 13/1, Kombinierter Ausschuß für die Organisation des Bundes und für Verfassungsgerichtshof und Rechtspflege (Organisationsausschuß), München 2002, S. 21. Der Einwand hat auch in der Wissenschaft Tradition: Schon bei *Carl v. Rotteck*, Art. Abgeordnete, in: Rotteck/Welcker, Staats-Lexikon (Fn. 16), Bd. I, 2. Aufl., Altona 1845, S. 102–108, 106, wird betont, es sei von „der *Gesammtheit* des Volks ... kein einzelner Abgeordneter gewählt [...]. In der *Gesammtheit* mögen zehnerlei, ja hunderterlei verschiedene Richtungen sein; der Einzelne hat für sich nur *eine*; wie kann er in Natur und Wahrheit Repräsentant der Gesammtheit sein? Also nur die *Gesammtheit* der Abgeordneten repräsentirt die Gesammtheit des Volks, der *einzelne* Abgeordnete allernächst nur seine *Classe*, oder seinen *Bezirk*". Zustimmend etwa *Dreier*, Problem der Volkssouveränität (Fn. 58), S. 50 ff.; auch *Volker Neumann*, Repräsentation als staatsrechtswissenschaftliches Thema vom Vormärz bis heute, in: Voigt (Hrsg.), Repräsentation (Fn. 12), S. 15–43. Bei *Neumann*, aaO S. 40, gipfelt diese Skepsis in der Forderung, das Wort Repräsentation überhaupt aus dem Verkehr zu ziehen. Solche Fundamentalkritik vernachlässigt mit dem tradierten Wortlaut der einschlägigen Bestimmungen zur Stellung der Abgeordneten nicht nur ihren verfassungsgeschichtlichen Hintergrund, sondern auch ihren seit dem frühen 19. Jahrhundert etablierten und unverändert maßgeblichen Sinn, nach dem der Abgeordnete „nicht die speziellen oder lokalen Interessen seines Wahlbezirks, sondern nur die *allgemeinen* oder Gesamtinteressen des Volkes zu vertreten (hat)", *Zoepfl*, Grundsätze (Fn. 55), § 347, S. 397; so faßt *Zehnpfennig* auch einen Grundgedanken des berühmten zehnten Artikels der „Federalist Papers" zusammen: „Letztlich haben die Repräsentanten nur den vernünftigen Volkswillen oder mit anderen Worten: das Gemeinwohl zu vertreten, nicht aber mehrheitsfähige Partikularinteressen", Einleitung, in: Federalist Papers (Fn. 63), S. 1–44, 12. *Meyer/Anschütz*, Lehrbuch des deutschen Staatsrechts (Fn. 15), S. 330 in Fn. 5, urteilen

und Fraktionsbindung über verfassungsgarantierte persönliche Freiräume des Erörterns, Verhandelns und schließlich Entscheidens[76]. Die Garantie selbstbestimmten Entscheidens begründet zugleich das Bedürfnis, das Verhalten am Ende vor dem eigenen Gewissen verantworten zu können und dazu positiv an Kriterien zu orientieren, die dies gewährleisten. Wie auf dem Feld moralischen Handelns im allgemeinen setzt eine solche Orientierung außer der menschlichen Vernunftbegabung weder eine besondere

---

daher: „Die Charakterisierung der Volksvertreter als *sozialer Interessenvertretung* [...] ist juristisch ganz unzulässig [...] Die Abgeordneten sind nach der Verfassung verpflichtet, sich lediglich von Rücksichten des Gesamtwohls leiten zu lassen; die einseitige Verfolgung von Standes- und Klasseninteressen ist stets eine grobe Verletzung der parlamentarischen Pflichten, und es kann wahrlich nicht die Aufgabe der Staatsrechtswissenschaft sein, einer solchen das Wort zu reden"; ebenso noch *Anschütz*, Verfassung des Deutschen Reichs (Fn. 27), S. 182, nach dem der „Abgeordnete [...] nicht bloß ethisch, sondern *rechtlich* verpflichtet (ist), [...] zu prüfen, was das von dem Wohl des ganzen Volkes untrennbare Interesse des Reichs erfordert, insbesondere zu prüfen, ob die Parteianschauungen, zu denen er sich bekennt, und die engeren Interessen, die er zu befürworten geneigt ist, vereinbar sind mit dem Wohl der Gesamtheit". An Stelle dieses wohlbedachten Sinns der Abgeordnetenstellung setzt die Kritik übersteigerte Vorstellungen, die es abzuwehren gelte, die aber in Wahrheit gar nicht Pate standen beim Konzept der Gesamtrepräsentation. Zu Recht setzten sich derartige Einwände in den Beratungen zum Grundgesetz nicht durch. Allgemein wurde vielmehr das Bedürfnis verspürt, klarzustellen, daß die Abgeordneten „Vertreter des ganzen Volkes, nicht eines Wahlkreises, einer Landschaft, eines Stammes", kurz: nicht Vertreter von Sonderinteressen seien, Abg. *Dehler*, Sechste Sitzung des Organisationsausschusses vom 24. September 1948, Der Parlamentarische Rat, aaO, S. 164. Zu häufig betrachteten sich, so der Abg. *Wirmer* in der zweiten Sitzung des Organisationsausschusses vom 16. September 1948, Abgeordnete in der politischen Realität als Vertreter einer Interessengruppe: „Da ist es sehr gut, wenn ihnen von anderer Seite entgegengehalten wird: Fühle Dich als Vertreter des ganzen Volkes", Der Parlamentarische Rat, aaO, S. 21, und ergänzend: „Wenn einem solchen Abgeordneten [...] vorgehalten werden kann, er dürfe sich nicht von irgendwelchen Aufträgen oder Sonderinteressen allein leiten lassen, sondern müsse bei seiner ganzen Tätigkeit auch die Interessen des Volkes im Auge behalten, dann wirkt das auch auf sein ganzes Verhalten ein", Sechste Sitzung des Organisationsausschusses vom 24. September 1948, Der Parlamentarische Rat, aaO, S. 165. „Das sind keine hohlen Worte", so auch der Abg. *Dehler*, Zweite Sitzung des Organisationsausschusses vom 16. September 1948, „daß der Mann, der oben steht, die Interessen des ganzen Volkes im Auge haben und durch keinen Befehl, sondern nur von seinem Gewissen geleitet sein soll", Der Parlamentarische Rat, aaO, S. 23 f. In diesem Sinne zutreffend auch *Gröschner*, Die Republik (Fn. 62), Rn. 67.

76 *Dreier*, Problem der Volkssouveränität (Fn. 58), S. 54. Bereits *Sieyes*, Überblick über die Ausführungsmittel der Repräsentanten (Fn. 44), S. 29, 30 in Fn. 5; *Hegel*, Grundlinien der Philosophie des Rechts (Fn. 54), § 309, S. 478.

Befähigung noch besondere Charaktereigenschaften voraus[77]. Anders aber als im Kontext moralischer Gebote müssen die Kriterien verantwortungsvollen und insoweit richtigen Verhaltens für Abgeordnete funktionsspezifisch formuliert werden. Es ist die verfassungsmäßige Repräsentationsfunktion, die ihnen die erforderliche Verhaltensorientierung normativ vermittelt. Ausdrücklich sind die Abgeordneten, da sie als „Vertreter des ganzen Volks" nicht ihr jeweils eigenes Interesse als Bürger oder Bürgerin, auch nicht dasjenige ihrer Partei oder Wählerschaft zur Geltung zu bringen, sondern das Gesamtinteresse aller Bürger zu verfolgen haben[78], nach einem *kategorischen Imperativ der Repräsentation* gehalten und durch ihre Repräsentativ-Stellung dazu auch *befähigt*, im Interesse der Repräsentation und im Sinne eines republikanisch gedachten Gemeinwesens[79] von ihren spezifischen Neigungen, Abhängigkeiten oder möglichen Vorteilen zugunsten der Allgemeinheit abzusehen[80].

Signifikant für die Krise der Repräsentation ist demnach ein Mißverständnis dessen, was Repräsentation sein kann und sein soll. Aber dieses Mißverständnis begegnet eben nicht nur bei denjenigen, die sich mit ihren Anliegen von der offiziellen Politik abwenden, sich nicht vertreten, gar mißachtet wähnen. Das will uns allerdings eben diese offizielle Politik glauben machen, wenn sie abtrünnige Wutbürger und Protestwähler ob

---

77 Das verkennt *Dreier*, Problem der Volkssouveränität (Fn. 58), S. 53, wenn er gegen „die Stilisierung der Abgeordneten [...] zu ausschließlich am Gemeinwohl orientierten Übermenschen" argumentiert.

78 „Gemeint ist, daß die Abgeordneten als Vertreter des Volkes sich bei ihrer Tätigkeit von den Interessen der Gesamtheit und nicht von Sonderinteressen leiten lassen sollen", so der Abg. *Löwenthal*, Sechste Sitzung des Organisationsausschusses, Der Parlamentarische Rat (Fn. 75), S. 163, der in der Zweiten wie Sechsten Sitzung des Organisationsausschusses zwar die Formulierung kritisierte, aaO, S. 26, 165, nicht indessen ihren Sinn in Frage stellte und darum in dessen Sechster Sitzung alternativ vorschlug: „Bei ihrer Tätigkeit haben sich die Abgeordneten nicht von Sonderinteressen, sondern vom Interesse der Volksgesamtheit leiten zu lassen [...]", S. 165.

79 *Wiegand*, Demokratie und Republik (Fn. 71), S. 127, 128; das republikanische Verfassungsprinzip findet damit eine wesentliche Wirkungsbedingung in Art. 20 Abs. 2 Satz 2 GG, seine zentrale positive Bestimmung aber, von *Wiegand* vernachlässigt, in Art. 38 Abs. 1 Satz 2 GG.

80 Diese konstruktive Möglichkeit, von Sonderinteressen absehen zu können, aus der die Verpflichtung folgt, von dieser Option im Interesse des ganzen Volkes auch Gebrauch zu machen, begründet eben die „spezifische Rationalität des parlamentarischen Verfahrens", *Voßkuhle*, Demokratie und Populismus (Fn. 11), 128. Insofern ist, wie *Wiegand* zu Recht betont, ein „repräsentatives System [...] eine Regierungsform aus eigenem Recht", Demokratische Narrative (Fn. 8), S. 21.

ihrer Politikverdrossenheit beschimpft. Das Mißverständnis begegnet gerade und vor allem bei denjenigen Repräsentanten des politischen Systems, die einem rein reaktiven Verhaltensmuster folgen, die auf den unmittelbaren Vorteil der Machterhaltung zielen, die vorrangig auf Zustimmungswerte und den kurzfristig positiven Widerhall in der Wählergunst spekulieren und damit die Belange einer bestimmten Klientel (ihrer „follower"!) zum Maßstab erheben[81]. Das repräsentative Programm, das sich an allgemeinen Vernunftgrundsätzen ausrichtet, sich an Grundsätzen orientiert, die potentiell für alle maßgebend sein können, die das Gemeinschaftliche in der Vielfalt widerstreitender Interessen betonen, fehlt demgegenüber zu häufig. Diese „programmatische Ratlosigkeit" (*Norbert Lammert*) in der frei diskursiven Ausarbeitung und Verfolgung politischer Positionen, die zu Empörung über Fundamentalopposition die Kraft findet, nicht aber zu positiv-programmatischen Politik-Entwürfen, ist bei den Repräsentanten des politischen Systems, aber auch ihren Sympathisanten weit verbreitet[82]. Eben die Wertschätzung, die das Bundesverfassungsgericht als Ersatzgesetzgeber genießt, zeigt aber, daß das Publikum durchaus empfänglich ist für allgemeine Grundsätze.

Die Freiheitsorganisation im demokratischen Verfassungsstaat ist danach durch drei Elemente gekennzeichnet: (1.) die Freiheit als individuelle Selbstbestimmung, die ein Recht jedes Einzelnen ist, freilich die gleiche Freiheit aller anderen zu respektieren hat; (2.) die Freiheit als Mitbestimmung, als Recht zur Förderung des Eigeninteresses durch unmittelbare politische Teilhabe in Wahlen und Abstimmungen; (3.) die Vermittlung der Differenzen mit der politischen Mehrheitsentscheidung durch Gesamtrepräsentation, so daß tatsächlich der *allgemeine Wille* herrscht (volonté générale), wenn auch nur der Idee nach, als Orientierung des politischen Handelns im Sinne eines kategorischen Imperativs. Eine Garantie, daß ein Denken in allgemeinen Grundsätzen und das Handeln nach solchen Grundsätzen auf positive Resonanz stoßen werden, kann es nicht geben.

---

81 Vgl. *Böckenförde*, Demokratie und Repräsentation (Fn. 1), S. 404.

82 *Norbert Lammert*, Vernunft kommt nicht an. Es ist mehr als eine Frage des Geschmacks, Debatten zu entschärfen. Es braucht aber auch ein Programm, FAS Nr. 16 v. 8.9.2019, S. 4; ähnlich *Peter Graf Kielmansegg*, Populismus ohne Grenzen. Im demokratischen Kontext weist eine erfolgreiche populistische Bewegung immer auf eine Schwäche des repräsentativen Systems hin, FAZ Nr. 37 v. 13.2.2017, S. 6: „Das Etikett (scil.: ‚Populismus', C.E.) ersetzt das Argument. Man braucht sich auf die Debatte nicht mehr einzulassen, man brandmarkt"; gegen solche Stigmatisierungen auch *Anter*, Krise der Repräsentation (Fn. 12), S. 248 f., 249 f.

Der Verzicht auf handlungsleitende Grundsätze, die zum Maßstab erheben, was von gemeinsamem Interesse ist, bedeutet jedoch das sichere Scheitern der Freiheitsorganisation nach dem Repräsentationsmodell. Das programmatische Denken in allgemeinen Grundsätzen bezeichnet so keine hinreichende, wohl aber eine notwendige Bedingung des Gelingens repräsentativer Freiheitsorganisation im demokratischen Verfassungsstaat.

Christoph Enders

Geboren	10. Oktober 1957 in Stuttgart
1976–1982	Studium der Rechtswissenschaft und Philosophie an der Albert-Ludwigs Universität, Freiburg im Breisgau
1982	Erstes Staatsexamen
1991	Rechtsreferendariat, Zweites Staatsexamen
1995	Promotion
1996	Habilitation und Erteilung der Lehrbefugnis für die Fächer Öffentliches Recht, Rechts- und Staatsphilosophie
1996–1998	Professor für Öffentliches Recht an der Johannes-Gutenberg-Universität Mainz
Seit 1998	Professor an der Universität Leipzig, zunächst Inhaber des Lehrstuhls für Öffentliches Recht, insbesondere Umweltrecht; seit 2011 des Lehrstuhls für Öffentliches Recht, Staats- und Verfassungslehre; seit 2003 Geschäftsführender Direktor des Instituts für Grundlagen des Rechts
2008–2014	Richter im Nebenamt am Sächsischen Oberverwaltungsgericht, Bautzen
Seit 2014	Stellvertretendes Mitglied der PID-Ethikkommission bei der Landesärztekammer Baden-Württemberg

Buchveröffentlichungen

Die Menschenwürde in der Verfassungsordnung – Zur Dogmatik des Art. 1 GG, Tübingen 1997 sowie unveränderter Nachdruck als Studienausgabe, Tübingen 2020.

Musterentwurf eines Versammlungsgesetzes (gemeinsam mit Wolfgang Hoffmann-Riem, Michael Kniesel, Ralf Poscher, Helmuth Schulze-Fielitz), München 2011.

Versammlungsrecht. Die Versammlungsgesetze des Bundes und der Länder. Kommentar (gemeinsam mit Cornelia Dürig-Friedl), München 2016.

Als Mitherausgeber

Freiheit des Subjekts und Organisation von Herrschaft (Beiheft 17 zu „Der Staat"), Berlin 2006 (gemeinsam mit Johannes Masing).

Toleranz als Ordnungsprinzip? Die moderne Bürgergesellschaft zwischen Offenheit und Selbstaufgabe, Paderborn 2007 (gemeinsam mit Michael Kahlo).

Europa nach Napoléon, Paderborn 2018 (gemeinsam mit Michael Kahlo und Andreas Mosbacher).

Zeitfracht Medien GmbH
Ferdinand-Jühlke-Straße 7
99095 Erfurt, Deutschland
produktsicherheit@kolibri360.de